学汉语分级读物

②

Qínguó de Gùshi
秦国的故事

第 3 级

历史故事

陈贤纯 编著

北京语言大学出版社
BEIJING LANGUAGE AND CULTURE
UNIVERSITY PRESS

© 2017 北京语言大学出版社，社图号 17213

图书在版编目（CIP）数据

秦国的故事／陈贤纯编著．— 北京：北京语言大学出版社，2017.9

（学汉语分级读物．第3级：历史故事）

ISBN 978-7-5619-5026-5

Ⅰ.①秦… Ⅱ.①陈… Ⅲ.①汉语－对外汉语教学－语言读物 Ⅳ.① H195.5

中国版本图书馆 CIP 数据核字（2017）第 197553 号

秦国的故事
QINGUO DE GUSHI

责任编辑：	徐 雁 郭 冰
插图绘制：	北京冰河插画工作室　西吉文化
封面制作：	西吉文化
排版制作：	北京创艺涵文化发展有限公司
责任印制：	周 燚

出版发行：	北京语言大学出版社
社　　址：	北京市海淀区学院路 15 号，100083
网　　址：	www.blcup.com
电子信箱：	service@blcup.com
电　　话：	编辑部　8610-82303647/3592/3395
	国内发行　8610-82303650/3591/3648
	海外发行　8610-82303365/3080/3668
	北语书店　8610-82303653
	网购咨询　8610-82303908
印　　刷：	北京京华虎彩印刷有限公司
版　　次：	2017 年 9 月第 1 版
印　　次：	2017 年 9 月第 1 次印刷
开　　本：	850 毫米 ×1168 毫米　1/32　印　张：3.5
字　　数：	58 千字　　　　　　　　　　定　价：29.00 元

PRINTED IN CHINA

编写说明

这是什么书?

这是为学汉语的人写的课外读物,有民间故事、文学故事、历史故事3个部分,一共有50本。

谁读这些书呢?

第一,学汉语的外国人。第二,生活在海外的华人子女。第三,中国国内学汉语的少数民族学生,甚至包括中国的小学生。

这些书有意思吗?难不难?

1. 这些书讲的故事很有意思,有很多中国文化的内容。你们在学习汉语的同时,也能了解中国文化。

2. 故事很容易懂。

我们把这些书分为3个等级:

级别	内容	册数	汉字量
第1级	民间故事	10本	500字
第2级	文学故事	20本	800字
第3级	历史故事	20本	1200字

第1级是最容易的,10本书都是中国的民间故事。只要认识500个最常用的字,不用查词典,就能轻松读懂这10本书。

第2级有20本书,都是中国古代最有名的小说里的故事,认识800个汉字的人可以读懂。小说本来是很难的,可是我们讲得很简单,很容易懂。

第 3 级也有 20 本，认识 1200 个汉字的人可以读懂。这里讲的历史故事发生在 2000 多年前的中国。为什么给你们看过去的故事？因为文化是从过去来的，看看 2000 多年前的故事，才能真正知道中国人现在为什么这样想，为什么这样做。

　　每一本书都只有很少的字比较难，这些字有拼音，有插图，有说明，可以帮助你们读懂。

　　3. 每一本书都只有 2～3 万字，很快就可以读完一本，阅读会成为一件轻松、快乐的事。

　　4. 这套书一共有 50 本，很多，内容很丰富。读完这 50 本书，你们不但能了解中国文化，而且再也不会觉得中文难读懂了。

　　怎么样？快打开书，读一读这些有意思的故事吧！

关于历史故事

跟民间故事和文学故事不同,历史故事是真实的,是以前发生过的事。

这20本历史故事,选自公元前770年到公元前202年的历史。以《左传》《史记》《国语》《战国策》等历史记载为根据,只在细节上有一些连接和想象。

中国的历史很长,故事很多,为什么只选这一段时间?

因为这段时间,正是春秋战国到秦朝末年,这是一个乱世,乱世故事多。

这段时间也是中华民族文化大发展的时候。

中国文化的很多思想来自这个时期,很多故事来自这个时期,很多成语来自这个时期。

这个时期是中国文化的源头。

要了解中国,必须了解中国文化。

要了解中国文化,就不能不了解春秋战国时期的历史。

"历史故事系列"每一本都有一个编号,编号是根据大致的时间先后编排的,年代较远的在前,年代较近的在后。读者可以根据编号的先后阅读。

故事简介

　　秦人的祖先非子马养得好,因此周王把秦这个地方赏给了他。后来因为秦人帮周王把首都搬到洛邑有功,秦被封为诸侯国。在之后的一百多年里,秦国一直很落后。

　　秦穆公得到了百里奚等人才,秦国开始强大起来。秦穆公死后,秦国又变得落后。

　　秦孝公用商鞅变法,秦国又强大起来,后来实力压倒了东方六国。

　　东方六国联合起来抗秦,秦国怎么办呢?

目 录

- 秦襄公勤王 / 1
- 秦穆公求亲 / 13
- 百里奚相秦 / 21
- 崤之战 / 33
- 秦穆公报仇 / 43
- 商鞅变法 / 51
- 商鞅之死 / 59
- 合纵连横 / 67
- 范雎相秦 / 77
- 名将白起 / 89
- 生词表 / 95
- 附录:第三级 1200 字表 / 98

秦襄公勤王

秦国的故事

战国（公元前475年—公元前221年）的时候，位于现在陕（shǎn）西、甘（gān）肃（sù）一带的秦（qín）国，变得非常强大，国力军力都大大超过其他六国，最后秦王嬴（yíng）政（zhèng）消灭六国，统一中国，建立了秦朝。

地处偏僻的秦国，怎么会变得这么强大？在那些年里秦国发生了什么？

其实，在西周，周武王分封诸侯的时候，秦人的祖先还是住在甘肃一带的平头百姓。

直到西周第八位天子周孝王时，秦人的祖先非子，才因为养马养得好而出名。周孝王让非子为周王室养马。

非子养马养得非常好，马很快就越来越多。周孝王看了很高兴，就把秦这个地方奖给了非子。

秦在现在的甘肃陇（lǒng）西。那地方不大，根本不能算一个好地方。因为它很偏远，而且西边紧挨着西戎（róng）。西戎是游牧（mù）民族，他们在草原上骑马放羊，来去如风。西戎人常常会来抢东西、杀人。

不过，有地总比没有好。秦人在那里有了一块地以后，就在那里辛苦经营。

偏僻　piānpì　很远很少有人去的地方。
诸侯　zhūhóu　周王下面小国的国君。

秦襄公勤王

西戎比秦强大,到国君秦仲(zhòng)的时候,西戎反周,周王叫秦仲去灭西戎,结果秦仲被西戎杀死。

秦仲有5个儿子,周王给他们7000周兵,去破西戎。这次他们把西戎打败了,收回了被西戎侵占的土地。周王把这些土地也给了秦人,秦人的领地扩大了。

秦人在跟西戎的不断战争中,慢慢地发展壮(zhuàng)大。

不过,在很多年里,情况并没有多大变化。那时候,谁也想不到秦人以后会强大起来。

****

周朝到了第十代周王周厉王的时候,情况很糟糕。周厉王是一个很坏的家伙。他把土地全都收回来,不许老百姓耕(gēng)种,说这是王室的专利。

老百姓没有了生活的来源(yuán),都非常不满,大骂周厉王。

大臣(chén)召(shào)公劝周厉王说:"老百姓有很多怨言,大王您听说了没有?他们的日子很苦呀。"

周厉王不但不听劝告,反而大怒说:"谁敢反对我,

糟糕 zāogāo 情况很坏。

说我的坏话？那都是一些刁（diāo）民！不给他们一些厉害瞧（qiáo）瞧，他们就不知道好坏。"

他派出大量密探，要他们把说坏话的人都抓起来杀掉。于是，全国到处腥（xīng）风血雨，很多人被杀死了。

当然，再没有人敢骂他了。街上到处都是密探，老百姓上街时，连熟人之间见了面，都不敢说话。

周厉王因此大喜，高兴地对召公说："现在那些刁民都把嘴闭上了，不敢再说我的坏话。"

召公摇着头对他说："您堵住老百姓的口，比堵住河水更糟糕。堵住河水不让它流，水会越涨（zhǎng）越高，最终会冲垮（kuǎ）堵塞，造成水灾，会死很多人。堵住老百姓的口不让他们说话，结果会比这更严重呀。"

听到这样的话，周厉王很不高兴。他心里想："你这老头儿说什么呢？跟刁民一起反对我吗？"

周厉王以为天下从此就可以太平了。可是不到3年，老百姓忍无可忍，终于起来造反了。

公元前841年，愤怒的人们拿着棍（gùn）子，冲进王宫去杀周厉王。周厉王吓坏了，慌慌张（zhāng）张地逃出首都镐（hào）京。

镐京在哪里？就在现在的西安。

周厉王逃到了哪里？

密探 mìtàn 悄悄地听别人说什么，打听情况，然后向上报告的人。
堵塞 dǔsè 使道路、河流等不通。

秦襄公勤王

他逃到了晋（jìn）国（现在的山西）的一个地方。14年后，死在那里了。

第十代周王的结果，并没有使他的后代变得好一些。又过了几十年，第十二代周王——周幽（yōu）王更坏。

周幽王不但大修宫室，还在全国为自己选美女，搞得老百姓非常怨恨。后来选到了一个美女，名叫褒（bāo）姒（sì），他非常喜欢。

从此他就特别宠（chǒng）爱褒姒，还废掉了王后申（shēn）后和太子宜（yí）臼（jiù），把他们赶到申后的娘家申国去了。然后立褒姒为王后，立褒姒的儿子为太子。

褒姒被送进宫时只有14岁。虽然她美丽无比，可是她非常不开心，从来不笑。这使周幽王非常遗憾。

不管周幽王怎么讨好她，她都不笑。周幽王想尽了所有的办法，也没使褒姒笑过。

从此，使褒姒笑，成了周幽王的目标。他听一个宫女说，有一次她不小心撕裂（liè）了身上的绸（chóu）衣，她记得那时候褒姒笑过。

于是，周幽王让人拿来一捆又一捆的绸子，让几

废掉 fèidiào 不要了，不再用。
遗憾 yíhàn 觉得有不够好的地方。
目标 mùbiāo 想要做到的最重要的事。

个力气大的宫女撕绸子。"嘶（sī）、嘶"的声音响起，一捆又一捆的绸子被撕成了碎片，可是褒姒仍然没有笑。

周幽王并没有灰心，决心继续想办法。他把褒姒带到骊（lí）山，叫人在骊山上的烽（fēng）火台点火。

烽火台是什么？

周朝的西边还有广大的土地，住着西戎人。西戎的生活和文化都比较落后，他们常常会入侵周朝，杀人、抢东西、烧房子，无恶不作，边境上的老百姓深受其害。

周朝的首都镐京，因为靠近西部，也会有危险。周王自己的军队不多，如果发生战争，就必须叫各诸侯国的军队来救援。

烽火台就是为了防备西戎入侵而建起来的信号台。烽火台都建在高处，20里建一个，一直到各诸侯国。如果西戎来了，周王派人到烽火台点火，远处的烽火台看见了，也会一个接一个点起火来，这样一直传到各诸侯国。诸侯们一看到烽火台的烽火，就知道西戎入侵镐京了，会马上派兵赶来救援。

周幽王想：各地人马急急忙忙地赶来，一看这里却什么事也没有，他们会有什么表情呢？想到这里，他自己先高兴得哈（hā）哈大笑起来。

秦襄公勤王

烽火台

连这么重要的事情都敢乱开玩笑，周幽王真是一个昏君（jūn），周朝确实是应该灭亡（wáng）了。

果然，各地的军队看到烽火，都十万火急地赶来了。最先到来的是由秦襄（xiāng）公带队的秦人。秦襄公虽然不是诸侯，但是他们离首都镐京最近，所以最先到达。然后是由郑（zhèng）侯带队的郑国人和晋侯带队的晋国人。他们离镐京有几百里路，可是也算比较近。

那时候只有马车，路也很不好走，士兵们是从几百里以外靠两条腿跑过来的，真的非常不容易。将士们怕天子有危险，一路上都玩儿命地跑。跑了好几天，好容易跑到骊山脚下，却不见敌人。他们大声喊叫着："西戎在哪里？"

这种慌慌张张的样子确实很可笑。这一次褒姒笑了。"哈哈哈哈！"她笑得很开心。周幽王也笑得很开心，他终于成功了，美人笑了。美人笑起来的样子，确实更加美丽动人。

"喂,你们听好了。这里没有什么事,天子点烽火玩儿呢。你们回去吧。"周幽王派人对前来救援的军队说。

"什么?!"没日没夜赶来的将士们,简直不敢相信自己的耳朵。

接着,其他诸侯国的军队也赶到了,他们在一起骂这个周幽王不是东西,为使一个女人高兴,竟然戏弄他们,让他们玩儿命跑这么远的路。他们恨不得冲上去杀了那个女人。

《史记》说,周幽王很高兴,又多次点烽火,但是以后再也没有人来了,诸侯们都不再上当。

周幽王废掉的王后和太子被赶到申国后,申国国君痛恨周幽王。他想把褒姒母子杀掉,恢复申后和宜臼母子的地位。可是申国是一个小国,军队很少,所以他决定联合西戎,一起发兵,打进镐京去。

这回,西戎真的来了。周幽王赶紧派人去点烽火,让诸侯们来救镐京。

当然没有人来,诸侯们以为周幽王为了那个女人,又戏弄他们。

这一下,周幽王傻眼了。

不久,镐京就被攻破了,周幽王被戎兵杀死,褒

戏弄　xìnòng　拿别人开玩笑。

秦襄公勤王

姒被西戎抢走。戎兵在城里到处杀人、放火、抢东西。

后来,各国诸侯知道西戎真的来了,急忙赶往镐京。最先赶到的仍然是秦人,秦襄公带着秦兵奋勇杀敌。《史记》说:"战甚力,有功。"

然后郑国、晋国等国的诸侯也赶到了。

西戎人一看不好,赶紧带着抢来的东西逃走了。可是镐京城里已经血流成河,到处都是死人,房子都被烧掉了,到处冒着烟和火。

周幽王死了,于是他的大儿子宜臼当了周王,他就是周平王。

镐京被破坏得太厉害了,没有办法再住下去。再说,这个地方离西戎太近,太不安全。周平王决定把首都搬到东面的洛(luò)邑(yì)去。

洛邑在哪里?就是今天的河南洛阳。

公元前770年,周朝的首都搬到了洛邑。历史上把首都为镐京时的周朝,称为西周。把首都为洛邑时的周朝,称为东周。

把首都从镐京搬到洛邑可不是一件容易的事,周王本来就没有多少军队,这次已经被西戎杀光了。谁来帮忙呢?还好,有秦襄公带着几千秦人,尽心尽力地帮助周平王,一路护送着周平王到了洛邑。

甚 shèn 很。

秦襄公勤王

周平王对秦人的表现很满意,他封秦襄公为诸侯。到这个时候,秦才成为诸侯国,我们才可以把秦称为秦国。

周平王对秦襄公说:"西戎占领了我们岐(qí)、丰(fēng)之地,你去把它们夺回来吧。夺回来以后,这些地方就给你了。"

从此以后,秦国人就为收回岐、丰之地而奋斗。岐、丰之地收回来以后,秦国人仍然不停地跟西戎人战斗,扩大自己的领土。

秦穆公求亲

秦国的故事

秦襄公死了以后，经过一百多年努力，到秦穆（mù）公的时候，秦国跟中原各国相比，已经是一个中等以上的国家了。虽然还赶不上晋国、楚国和齐国，但是比起其他国家来，可以算是大国了。

自从周朝的首都搬到洛邑以后，秦国就变成了一个更偏远的角落。这么多年来，秦国跟中原各国也没什么来往。

在中原人看来，秦国那边一定很荒凉，说不定到处都是狼，秦国人也一定没文化。

秦国虽然也是诸侯国了，可以跟中原诸侯国平起平坐，可是秦国确实比较落后，从文化上来说，跟中原各国相差很多。中原的那些礼仪他们都不懂，连国家的管理都不像人家那样有条理。

秦穆公是一个有大志的君主。中原文化使他很羡慕，秦国跟别国不来往，这使他很不安。他立志要对外开放，使秦国跟中原国家一样有文化。

"怎么办呢？"秦穆公一当上国君就跟他的大臣们商量，"大家出出主意。"

"要不，咱们跟人家学学吧？"他的大臣们说。

"可是跟谁学呢？就你们这些人，谁行啊？咱们必须到中原去请有才能的人来！"秦穆公说。

礼仪　lǐyí　礼节和仪式。
羡慕　xiànmù　看到别人好的地方，希望自己也那么好。
咱们　zánmen　我们。

秦穆公求亲

大家都说对，应该去请。

可是，去请谁？谁有才能？人家肯来吗？这些全都不知道，看起来这也不是很容易的事，着急也没有用，得慢慢来。

忽然秦穆公的弟弟公子絷（zhí）说："大哥，你不是还没有夫人吗？咱们到中原去求亲。"

秦穆公一听，对呀！这个主意不错，就问道："去哪国求亲呢？"

"去晋国。我听说晋国国君有好几个女儿，晋国又是秦国的邻居，就去晋国求亲！"公子絷说。

"好！"秦穆公当场决定，派公子絷去晋国求亲。

说走就走。公子絷准备好了很多礼物，带着求亲的队伍上路了。临走，秦穆公拉住公子絷说："兄弟，到了晋国，你一定要多留意，找一找有才能的人，多带几个回来。"

"我知道。大哥，你放心。"公子絷说。

那时候，晋国的国君是晋献公。他没想到，从来没有什么来往的秦国，会派人来求亲。秦国是一个什么样的地方呢，他过去真没关心过。

晋国的大夫们一听说秦国人来求亲，都觉得很好笑。因为没有人瞧得起秦国人，都说跟秦国人结什么亲呀！

大夫　dàfū　国君手下的官。

秦国的故事

秦穆公求亲

他们劝晋献公不要把女儿嫁到秦国去受苦,那地方说不定遍地都是狼呢!其实他们谁都不知道秦国怎么样。

可是晋献公不这么想。秦国人虽然没文化,可秦国也是诸侯国呀。况且他们是诚心诚意的,他们送来的求亲礼物,比别人多出一倍,那是真心的呀。为什么不答应呢?

他答应把自己的大女儿伯(bó)姬(jī)嫁给秦穆公。她是太子申生的妹妹,已经到了该出嫁的年龄。

于是,双方顺顺利利地定下了迎亲的日子。

晋献公一边客客气气地把公子絷和求亲的队伍安排在宾(bīn)馆(guǎn)住下,一边开始让人准备嫁妆。国君嫁女儿,嫁妆当然得好好准备准备。

公子絷非常高兴。其实到晋国来求亲,他没什么把握,他对晋国也不了解。晋国国君跟周天子同姓,地位高贵,肯把女儿嫁到秦国去吗?所以,他心里一直七上八下的。

没想到,事情竟然这么顺利就成了,他觉得自己立了大功。

他到了宾馆,没顾得上休息,就去找宾馆的管事聊天。不为别的,为的是了解了解晋国的情况,打听

嫁妆 jiàzhuang 女子出嫁时带到丈夫家去的衣服、被子、生活用品等。

秦国的故事

打听有什么有才能的人,他准备从晋国挖几个走,这是大哥一再要他做的。

宾馆的管事很热心,给他介绍了好几个现在还没有当官的人。所以,这几天公子縶一点儿都没闲着,一家一家地上门,请人家去秦国当官。

可是这一次他很不顺利。没有人愿意去秦国,人们都觉得秦国是个还没有开化的地方,很野蛮,很落后,很苦。

"秦国?那么偏远的地方,不去!"

"那地方都是西戎人吧?在这儿日子过得好好的,去那野蛮地方干什么?"

人们都这样说。

公子縶一再告诉他们,不是这样的。其实秦国人的生活水平跟晋国也差不了多少,而且答应他们到了秦国就可以做官,当大夫,待遇特别好,比在这儿当普通老百姓强多了,等等。可是没有用,就是没有人愿意去。

过了好几天,公子縶还是一个人都没有请到。即使是普通老百姓,也没有愿意去秦国的。他真没想到,请人去秦国当官有这么难。引进人才这事,看起来没戏了。

野蛮 yěmán 不文明,没文化,不懂道理。
没戏 méi xì 不可能,没希望。

秦穆公求亲

公子絷只好离开晋国国都绛（jiàng）城，回秦国了。好在求亲的事成了，他心里仍然很高兴。

出了城没走多远，就遇到一个人。这个人穿得破破烂烂，像个要饭的，一边走一边唱歌，那歌词听起来挺神秘。走近一看，他手里竟然还拿着一卷木简。

木简是什么？

那时候没有纸，人们把木头做成一尺来长的小木片，把字写在木片上，这就是木简。一片木简通常能写十几个字，如果有几百个字，就要用十几片或者更多的木简，写好了用绳子穿起来。不用的时候卷起来，便于带在身边。

木简

一般的老百姓没上过学，都不识字。手里拿着木简的，那肯定是有知识和文化的人呀！

公子絷心里想："好家伙，晋国人真了不得，一个要饭的都这么有文化！"

他觉得好奇，就走上去跟那人说话："先生，您唱的是什么歌？"

"什么歌？说了你也不懂。"那人还挺傲气，看了他一眼，好像很瞧不起他。

"您看，路边有一个小饭店，我可以请您一起吃一顿饭吗？"公子絷很诚恳（kěn）地请求说。

那人大概已经很饿了,所以痛快地答应:"好吧。"

吃着人家的饭,那人也客气多了,跟公子繁聊了起来。

原来,他叫公孙(sūn)支,是晋国的公族,也就是说,他是晋国开国国君唐叔虞(yú)(详见本丛书《晋国的故事》)的后代。可是从他祖父这一代开始,他们家就已经被挤出官场,日子越来越穷了。他虽然有文化,但是现在已经穷得只好去要饭了。

公子繁热情地请他到秦国去,告诉他秦国正需要人才,可以让他当官。

公孙支不知道秦国怎么样,反正不会比在晋国要饭更糟糕,所以就跟着公子繁走了。他就是秦国引进的第一个人才。

百里奚相秦

转眼，迎亲的日子到了。秦穆公派公子絷领队去晋国迎亲，然后大家就天天等着新娘子到来。

过了30多天，迎亲的队伍终于进了城，全城的老百姓都出来看热闹。好家伙，新娘子的嫁妆真了不得，大箱子小箱子装满了一辆又一辆马车，走半天才走完，这一次秦国人可真是开了眼。

迎亲的队伍进了宫，公子絷开始清点嫁妆，除了那大大小小的箱子以外，还有十几个陪嫁的奴隶。所有的东西都对，只是陪嫁的奴隶少了一个。

"百里奚（xī），百里奚！"公子絷看着名单喊道。

没人答应。

晋国送亲的人说："那老头儿在路上跑了。"

"跑了？他为什么要跑？"公子絷问。

"他不是晋国人，可能逃走了，跑回家了吧。"

公子絷一问才知道，这个百里奚是虞国人，原来是虞国的大夫。晋献公灭了虞国，百里奚被抓住了，变成了晋国的奴隶。

公孙支说，他听说这个百里奚是个很有才能的人。

秦穆公一听就急了，说："很有才能？那怎么能让他跑了呢？快去找回来！"

奴隶 núlì 被人买卖、为人干活、没有人身自由的人。

百里奚相秦

人已经逃走好多天了,也不知道他去了哪里,怎么找得回来?

可是秦国人真的希望能得到人才,所以下决心要把他找回来。他们派出去很多人,一路上见到人就打听。

俗(sú)话说,天下无难事,只怕有心人。

秦国人终于打听到,百里奚逃到了楚国边境。那时候边境上人很少,很荒凉。即使有人,也很野蛮。外边来的人,如果被抓住,就算是他们的奴隶。百里奚因为饿了,去要吃的,结果被抓住当了奴隶。

这个百里奚真是够倒霉的。他这一辈(bèi)子运气太坏。

百里奚是虞国的公族,因为祖上被封在百里,所以姓百里。他从小读了很多书,很有才能,可是到他这一代时,家里穷得什么都没有了。在他40岁的时候,好容易才娶(qǔ)上了老婆,第二年有了一个儿子。两口子看着儿子发愁:家里这么穷,拿什么养活儿子呢?

百里奚想出去碰碰运气,可是他又不放心老婆孩子,心里非常犹豫。

老婆虽然也舍不得他离开家,但是鼓励(lì)他说:

倒霉　dǎoméi　运气不好,遇到不好的事。
犹豫　yóuyù　拿不定主意。

"男子汉大丈夫不能老是待在家里受穷,你去外边找找出路吧。"

百里奚走的时候,老婆忍不住哭着说:"一定来接我们母子啊!"

"老婆,你等我回来。"百里奚也哭了,连老婆孩子都养不活,都怪自己没用。他伤心地离开了家。

百里奚决定去齐国,他一路要着饭往前走,好容易到了齐国国都临(lín)淄(zī)。

他运气不好,齐国还没有到齐桓(huán)公管仲时代。那时候是齐桓公的哥哥齐襄公当国君。齐襄公对外来的人根本就不重视,百里奚一个穷要饭的,穿得破破烂烂的,跟官府的人根本说不上话,想找官做,连门儿都没有。

在临淄混了几个月,他认识了一个人。这个人叫蹇(jiǎn)叔,是宋(sòng)国人,年纪跟百里奚差不多,也是来齐国找官做的。他们两个都很有才能,互相都觉得对方不是一般人。两个人很合得来,很快就成了好朋友。

蹇叔家里的情况比百里奚好得多,他身上带着钱。蹇叔收留了他,因此百里奚不用再去要饭了。

有一天,临淄的街上忽然乱了起来。原来,那齐襄公被人杀死了,公孙无知当了国君。新国君上任,需要人支持，所以现在正在招人才，请人去当官。

百里奚觉得机会终于来了，他拉着蹇叔就要去。蹇叔连忙拉住了他，说道："兄弟，你也不想想那公孙无知是个什么人？齐国人差不多人人都恨他，他以后不会有好下场的。跟着他干，一定会倒霉。"

蹇叔说的这些百里奚都知道，可他觉得放弃这个机会太可惜，他太需要当官了，老婆孩子还在家里挨饿呢。

蹇叔说："我们别待在齐国了，先回宋国，到我家去吧。"

百里奚跟着蹇叔来到了宋国。看到蹇叔一家人团团圆圆在一起，他更加想念自己的老婆孩子，不知道他们是不是还活着。自己出来这么些日子，还是什么都没混出来，真是对不起他们呀。

有一天他听说周王的弟弟王子颓（tuí）喜欢养牛，正在招会养牛的人。百里奚年轻时养过牛，对养牛很有信心。他决定去洛邑试试，不管怎么说，那也是一个工作，有饭吃，可以把老婆孩子接过去。

蹇叔给了他一些路费，说："兄弟，你先过去，过几天我也去看看。"

百里奚在洛邑养上了牛，养牛他很内行，把牛养得很好。

招人才 zhāo réncái 请有才能的人来工作。

后来蹇叔也来了，没事他就跟百里奚学养牛。

王子颓有时候会来，他来看看牛养得怎么样。他很喜欢百里奚，觉得百里奚是一个人才，准备让百里奚当养牛的官。

百里奚很高兴，终于可以把老婆孩子接到洛邑来了。

可是蹇叔却说："兄弟，这儿恐怕也不行，你还得走。"

"为什么？"百里奚急得脸都红了。他不是为自己着急，他是为老婆孩子着急呀。

蹇叔说："你听说齐国那个国君公孙无知的事了吧，他已经被人杀死了。当然他手下很多人也被杀了。所以，你想当官，必须跟对了主人，要是跟错了人，这一辈子就完了。"

"你认为王子颓不行？"

"我早就听说王子颓有野心，人品又不好。到这儿一看，他果然不行。我觉得他的好日子长不了。"

其实，百里奚也早就看出来，王子颓这个人不行。可是为了老婆孩子他管不了那么多了。现在听蹇叔说，那个公孙无知被杀了，他知道蹇叔说得对。那一次如果不是蹇叔拉他走，他现在一定已经死了。

他想了想，决定听蹇叔的，离开王子颓。

百里奚相秦

这一次蹇叔又说对了,这个王子颓,后来真的被杀了。

百里奚想回家,回虞国去看看老婆孩子怎么样了。

蹇叔知道他心情不好,一路劝他说,自己有一个朋友叫宫之奇,在虞国当上了大夫,看看能不能帮上忙。

宫之奇果然把百里奚和蹇叔介绍给了虞国国君。虞公让百里奚当了大夫,虞公也想让蹇叔当大夫,可是蹇叔谢绝了,他说他想家,要回宋国了。

从虞公那里出来,蹇叔悄悄地对百里奚说:"这个虞公虽然不是坏人,可是他太糊涂,恐怕也长不了。"

这回,百里奚无论如何都不再听蹇叔的了。他说,他现在想的不是有所作为,而是想让老婆孩子有饭吃。好容易当了大夫,以后就是死,也认了。

蹇叔回宋国去了。百里奚急急忙忙回家去找老婆孩子。可是家里没有人,家里的房子已经非常破旧,快要倒掉了,里面空空的,显然已经很久没有人住了。

老婆孩子到哪里去了呢?

他问邻居,邻居们都说他们早就离开了家,不知道去了哪里。

百里奚简直快要疯了,他坐在家门口哭了整整一天,他觉得自己太对不住他们了。后来他请人到处去找,去打听,可是一点儿消息都没有。也许,他们早就饿死了。百里奚很痛苦。

疯 fēng 精神不正常,跟正常的人不一样。

秦国的故事

在虞国，百里奚虽然常常为虞公出主意，可是虞公非常糊涂，从来都不听他的。百里奚没办法，只好混日子，等着自己慢慢老死。

没想到，后来晋国灭了虞国，他成了奴隶，而且要当陪嫁的奴隶去秦国。真是太倒霉了，百里奚很不甘心，所以趁人不注意，在路上逃跑了。

打听到百里奚以后，秦穆公打算花大价钱把百里奚买回来。

公孙支连忙说："这可不行，拿这么多钱去买一个奴隶，人家肯定会怀疑。他们要是一调查，知道这人是一位有才能的人，就不会放人，会把他请到楚国去当大夫的。"

公子絷说："一个奴隶的价钱也就是五张羊皮。我们派几个人，带着五张羊皮去换，就说逃走了一个陪嫁的奴隶，要把他换回秦国，人家一定肯放人。"

秦穆公觉得这个主意好。

就这样，秦国人用五张羊皮，把百里奚换回到了秦国。

秦穆公亲自到路上去迎接。

见到百里奚以后，秦穆公很失望。百里奚已经70

不甘心 bù gānxīn 不愿意，不想这样。
怀疑 huáiyí 不太相信，觉得有问题。

百里奚相秦

岁了,白头发、白胡子、黑黑瘦瘦的一个干巴老头儿,衣服破破烂烂,像一个要饭的,哪里像一个人才呀。

虽然如此,秦穆公还是亲自走上前去,为他解开绳子,让人带他去洗澡、换衣服、吃饭,然后问他治理国家的事。

百里奚说:"我是一个亡国的人,哪里敢说治理国家的事呀。"

秦穆公说:"在虞国,虞公不听你的,所以虞国亡了,这不怪你呀。我们秦国急需你这样的人才来治理国家。"

百里奚很感动,自己一生运气这么差,没想到现在70岁了,机会真的来了。终于有国君来请他谈治理国家,这是他多少年的梦啊。于是他就谈起了自己的看法。

秦穆公仔细听着,不时地提出问题,两个人谈了3天。秦穆公非常高兴,觉得大开眼界。很多问题自己以前从来就没有想过。

秦穆公决定,让百里奚当上大夫,相当于丞相,把治理秦国的大权交给他,人们称他为"五羖(gǔ)大夫"。"羖"是黑色的公羊,因为百里奚是用五张黑羊皮换来的。

百里奚对秦穆公说:"我的朋友蹇叔比我强得多,

丞相　chéngxiàng　古代一个国家最大的官,现在叫首相或总理。

秦国的故事

他才是真正的人才，只是这世界上还没有人了解他。"

于是秦穆公派公子絷，带着重礼到宋国去，把蹇叔请来。同时还请来了蹇叔的两个儿子西乞（qǐ）术和白乙（yǐ）丙（bǐng）。

秦穆公让蹇叔也当了上大夫，跟百里奚共同治理秦国。

百里奚现在已经时来运转了，他的才能有用了。现在他很有钱，住上了很大的房子，有很多仆（pú）人。

可是，每到晚上，回到家里一坐下来，他就会发呆。他又会想起他那苦命的老婆孩子，他们要是还活着，那该多好啊！

有一天晚上，百里奚回到家，又开始对着灯光发呆。忽然外面传来了歌声，那歌声是从外边的院子里传过来的，听得清清楚楚：

百里奚，五羊皮，昔（xī）之日，君行妻儿啼（tí）。（昔：过去。君：你。啼：哭。）

百里奚，五羊皮。今之日，富又贵，扔了儿子忘了妻。

百里奚心想："这是在骂我忘了妻儿呀。这人怎么知道我的事呢？"

他问，谁在外边唱歌？

仆人说，是前几天来洗衣服的一个老太太。

"快把她叫进来。"百里奚说。

秦国的故事

老太太进来了。灯光下一看,百里奚简直不敢相信,她竟然是自己找了很久很久的老婆。失散了30年,老婆也已经老了,满脸都是皱(zhòu)纹,可是百里奚仍然认得出来,这是自己的老婆。

老夫妻两人抱头痛哭。

原来,那年百里奚走了以后,家里实在活不下去了,老婆只好抱着孩子去要饭,到处流浪(làng),后来流浪到了秦国。总算命大,两个人都没有饿死,儿子也渐渐长大成人了。

百里奚的儿子叫孟(mèng)明视。孟明是他的字,视是他的名,实际上他应该叫百里视。可是人们习惯叫他孟明视。蹇叔的两个儿子西乞术和白乙丙,也是字加名一起叫,所以听起来很奇怪。

孟明视虽然从小缺衣少食的,可是身体却高大强壮。秦穆公让孟明视、西乞术和白乙丙三人当将军,掌握秦国的军队。

秦国的外来人才,使秦国发生了很大的变化。百里奚和蹇叔按中原各国的样子,建立起各种制度,鼓励秦国人民发展生产,特别是农业生产。秦国的经济很快就发展起来了。

秦国开始像中原国家了,而这以前他们真的很落后。

制度 zhìdù 要求大家都这样做的规定。

崤之战

秦国的故事

在晋国，晋文公重耳当了国君以后，晋国跟秦国的关系很好，两国结成了合作伙伴。

晋文公要出兵攻打郑国，请秦国同时出兵。秦穆公当然答应了，亲自领兵出征。

秦军刚来到郑国，从郑国来了一个老头儿，他叫烛（zhú）之武，是郑文公派来的说客。

说客是什么人？说客就是来劝别人听从自己主意的人。说客们的嘴都很厉害，能说会道。

烛之武说："秦国跟郑国之间隔着晋国。这次如果你们把郑国灭了，晋国人得到了郑国。你们秦国人能得到什么呢？晋国人得到郑国以后会变得更强大，这对你们秦国是好事吗？他们一定会掉转头来打秦国。所以，你们想想，灭掉郑国对你们有什么好处？你们不要这么糊里糊涂地为晋国人打仗（zhàng）。"

秦穆公和百里奚等人一听，觉得人家说得对呀。一商量，就决定撤军回去，并且还留下杞（qǐ）子等三位将军带领2000人，帮助郑国人守城。

秦国人走了。烛之武又去晋国人的营地，劝晋文公撤军。他真的很有本事，结果，晋文公也撤了军。

过了几年，晋文公死了。在这前后，郑国的国君郑文公也死了。

撤军　chè jūn　带着军队回去。

崤之战

杞子等带着2000秦军在郑国帮助守城,已经两年了,他们写信给秦穆公,说晋国和郑国刚死了国君,国内不安定,可以趁这个机会偷袭郑国。现在他们为郑国人守着北门,可以做内应。秦军一来,他们就打开北门,偷袭一定会成功。

秦穆公觉得这真是一个好机会,马上决定去偷袭郑国。他派孟明视、西乞术和白乙丙三人为大将,悄悄地出发。

可是百里奚和蹇叔两个人坚决反对,他们说:"从这里到郑国有千里远啊,几万人的军队走这么远的路,别人早就知道了,怎么还能偷袭?再说,路上还要经过好几个国家,要穿过晋国的领土,到那时候晋国人一定会来打我们。这支军队肯定是有去无回呀!"

秦穆公很不高兴,说:"这么好的机会怎么能放弃?这件事我已经决定了。你们真是老了,什么都别说了。"

这一次,秦穆公不知道为什么不听两个老头儿的话了,大概是他觉得这件事太有把握了吧。

秦国大军出发的那一天,两个白头发、白胡子的老头儿,拦着大军痛哭失声。秦穆公很生气,走过去一看,是百里奚和蹇叔。他大怒道:"大军出发,你们在这儿哭

偷袭 tōuxí 偷偷地出兵去打。

秦国的故事

崤之战

什么？多不吉(jí)利呀。你们诅咒秦军，是不是？"

百里奚说："我们怎么敢诅咒秦军？是因为我们的儿子也在军中，只怕看不见他们回来了。"

秦穆公让人把这俩老头儿赶走。

蹇叔拉着儿子悄悄地说："晋国人一定会在崤(xiáo)谷(gǔ)打你们，那地方两山之间只有一条路，地势很险要。你们千万要注意呀！"

他的儿子西乞术和白乙丙一点儿都不相信父亲的话，带着秦军走了。

秦军一路走来，经过崤谷，并没有出什么事，一个晋国兵的影子都没有。西乞术和白乙丙对父亲的话更加不信了。人老了嘛(ma)，废话就多。

秦军经过周朝的首都洛邑城外以后，进入一个小国滑(huá)国。走在最前头的孟明视远远地看见有人赶着一群牛走过来。

赶着这群牛的是郑国商人弦(xián)高。本来他要去洛邑，把这群牛卖掉。走到滑国，看到前面有军队过来，人数非常多，一眼望不到边。

这是哪国军队？一看旗号，竟然是秦国军队。

弦高心里咯(gē)噔(dēng)一下，秦军要去哪里？前面的方向是自己的国家郑国。明摆着，他们要去偷

诅咒 zǔzhòu 骂，希望别人倒霉。
废话 fèihuà 没有用的话。

袭郑国呀！可是郑国人还不知道呢。

这时，弦高的脑子转得飞快，他一面派人赶回郑国去报告秦军来了，一面走上前去跟孟明视打招呼。

"将军，你们一路上辛苦了。"弦高装出笑脸说。

"你是谁呀，快让开！"孟明视大声喊道。

"将军别着急。我是郑国国君派来慰劳贵军的呀。我叫弦高。您看这些牛，就是慰劳你们的。"弦高用手指着自己的牛说。

一共有12头牛，在当时，这可是值（zhí）很多钱的。弦高真是一个爱国商人，为了救郑国，他打算把这些牛送给秦军。

孟明视一听，傻了，问道："你们的国君知道我们要去吗？"

"昨天就知道了，所以今天一大早就派我来慰劳贵军。"

"人家都知道了，还偷袭什么！"孟明视和那两兄弟都觉得很失望。

三人一商量，决定不去郑国了。人家已经有了准备，还去干什么？不过也不能就这样两手空空回去呀，还是就地把滑国灭了吧。

打招呼　dǎ zhāohu　跟别人说"你好"等，表示问候。
慰劳　wèiláo　带礼物去看辛苦工作的人。

崤之战

他们灭了滑国,在当地烧杀抢夺后,回秦国去了。

秦国人出兵不久,晋国人就知道秦国人出兵向东去了。可是经过晋国的地方,却没有向晋国借路。这时晋文公刚死,还没有下葬(zàng)呢,秦国人这是要干什么?

晋文公的儿子晋襄公,把大臣们找来商量。

大家猜想,秦国人一定是去攻打郑国。先轸(zhěn)等大臣要求派军队,在路上把秦军灭了。秦国人不哀(āi)悼(dào)我们的丧(sāng)事,偷偷地经过晋国也不跟我们说一声,这太无理了。再说,那滑国是受晋国保护的,怎么能灭了滑国呢?

于是,晋国决定去偷袭秦军,就在崤谷这个地方设下了埋伏(fú)。

秦国跟晋国不是亲戚吗?秦国人曾经多次帮过晋国人,晋国欠着秦国很大的人情呢。晋国人好意思这时候去偷袭秦国吗?

唉(ài),天下没有永远的朋友,只有各自的利益(yì)。晋国人并不愿意看到一个强大的秦国。

秦军回去的时候走到崤谷,被晋军袭击。晋军在先轸的指挥下,大破秦军。孟明视等人哪里是先轸的对手,秦军输得太惨(cǎn)了。

《史记》说:"无一人得脱者。"几万人的军队一个逃脱的都没有。果然是有去无回呀,被百里奚和蹇叔这两个老头儿说中了。从此，秦国跟晋国结下了大仇(chóu)。

孟明视、西乞术和白乙丙三人被晋军抓住，带到了晋国国都绛城，眼看就要被杀头了。

晋文公的夫人是秦国人。她非常反对晋国跟秦国打仗，可是男人们偏偏就要打仗。听说秦国的三位将军被捉来，要杀头了，她非常着急。这是娘家人呀，一定要救他们。

她跟晋襄公说："这三人坏透了，是他们破坏秦国跟晋国的关系。秦国国君一定非常怨恨他们，还不如放了他们，让秦国国君去杀他们吧。"

晋襄公看到父亲的夫人这样说，就把孟明视这三人放了。

这三人赶着晋文公夫人为他们准备的马车，一路逃跑，来到黄河边。

有没有船？要是没有船那就完了。他们知道，晋襄公虽然放了他们，可是他的那些大臣们决不会放他们回去，一定会追过来杀他们。

没想到河边真有一条船，那船摇过来，让他们上了船。原来，这是百里奚派来的人，他在这儿等了好几天了。

当小船划到黄河中间的时候，晋国来追他们的人也到了黄河边，可是已经晚了，小船已经远去。

崤之战

　　孟明视、西乞术和白乙丙三人回到秦国，秦穆公穿着白衣亲自到郊外去迎接。白衣是丧服，秦穆公很痛心，几万人的秦军都死了，只回来他们三人。

　　有人对秦穆公说："几万秦军都死了，这三人有罪（zuì），应该杀了他们。"

　　秦穆公说："是我不听百里奚和蹇叔的劝告，让他们去的。都是我的错，为什么杀他们呢？"

　　秦穆公不但恢复三人的官职，而且对他们更好了。当然也要他们不要忘了报仇。

丧服　sāngfú　为哀悼死者时穿的衣服，古代一般是白色的粗布做的。

秦穆公报仇

秦国的故事

崤谷之战后,从晋国传来了消息,先轸死了。

秦国人高兴得跳了起来,太好了,报仇的时机终于到了。秦国人知道先轸的军事才能。如果先轸活着,他们是不敢对晋国用兵的。现在先轸死了,秦穆公马上让孟明视准备去报仇。

这一次,虽然秦军报仇心切,虽然先轸死了,可是秦军还是吃了败仗。

秦穆公不甘心,第二年,他亲自领军去攻打晋国。渡过黄河,秦穆公就下命令把所有的船都烧掉,咬着牙说:"这一仗如果打不赢,就不回秦国了。"

秦兵个个都红了眼,要跟晋国人拼命,非要打赢这一仗不可。

这一仗秦军果然大胜,夺取了王官等地,打到了晋国国都的郊区,吓得晋军守住城不敢出来了。

这一次总算出了一口气,报了崤谷之仇。

秦穆公来到崤谷,让士兵们把3年前战死在这里的秦军尸骨收集起来,埋葬好。他在坟(fén)前痛哭了3天,对着秦军说:"古人办事都要虚(xū)心听取老人的意见,可是我没有听百里奚和蹇叔的劝告,造成这样的损失,这都是我的错呀。我的后代应该永远记住这样的教训(xùn)。"

回到秦国,秦穆公深感东边的国家太强大,向东

尸骨　shīgǔ　死人的骨头。

秦穆公报仇

扩展很困难,所以决定向西发展。

秦国的西边北边都是西戎人,秦穆公早就想把秦国附近的西戎国家消灭掉,并入秦国。可是没有机会,而且一直忙着别的事没顾得上。

有一天,戎王忽然派了一个使者来秦国,使者名字叫由余(yú)。由余祖上是晋国人,后来不知道什么原因,逃到了西戎,所以这个由余会说晋国话。秦国话跟晋国话虽然不一样,但是互相之间能够听懂。

戎王派他来做什么?

西戎在西部很偏僻的地方,人们的生活简单,一般不跟外人来往,外面发生了什么他们都不知道。戎王听说秦国现在很不错,就派由余到秦国去看看。

虽然在晋国人看来,秦国人很落后。不过在秦国人看来,那西戎才落后。

西戎人来了,让他们看什么?

秦穆公是个实在人,你要参观,那就让你看看我们秦国最好的东西吧。于是就亲自领着由余参观秦国的宫殿和多年积累起来的财(cái)宝。他心里想:"就让你开开眼吧,你们西戎哪有这么高大的宫殿,这么好的东西!"

没想到由余参观完了以后,没有一句赞扬和羡慕的

宫殿　gōngdiàn　王或国君住的大房子。

话，反而说："这些东西即使让鬼神去造，都能把鬼神累死。现在你让人民造出来，真是苦了民众啊。"

秦穆公吃了一惊，他没料到这个由余会这么想。他不但不羡慕这些东西，反而认为这是人民的灾难。

有道理，这话真是有道理。宫殿造得越高大，人民的苦难就越多，难道不是这样吗？

秦穆公又跟由余讨论治理国家的道理，由余的回答也让他很吃惊。

好家伙，原来西戎也有这样的人才呀。

秦穆公心里很不安。正好遇到内史王廖（liào），就对他说："我听说邻国有了圣（shèng）人，就是敌国的灾难。现在，西戎的这个由余很了不起，将来对我们不利呀，怎么办呢？"

王廖回答说："主公，您是想杀掉他呢，还是想得到他？"

"当然是想得到他。"

"那好办。"王廖说。

"你有什么办法？"

"您只要做三件事。"

"哪三件事？"

"第一件事，您派人给戎王送去漂亮的舞女歌女。西戎地处偏僻，那戎王从来就没有看过和听过这么好听的中原歌舞音乐。他一定会整天沉迷在歌舞声色之中，没有斗志。"

"对，这是个好主意。"秦穆公说。

"第二，您留住由余，让他过很久才回去。"

"好，这不难。第三呢？"

"第三，派人去为由余请功，多说由余的好话。这样戎王一定会觉得奇怪，就会怀疑由余。由余也会因为戎王太喜欢歌舞，没有心思处理国事而不满，他们之间就有了猜疑。那时候，您就可以劝由余到秦国来了。"

"好。就这么办。"秦穆公很高兴。一方面客客气气地对由余，另一方面派王廖给戎王送去16名漂亮的歌女舞女。

戎王高兴极了，果然整天沉迷在歌舞声色之中，对处理国事也没有兴趣了。

这时候秦穆公才放由余回去。由余回去一看，戎王整天跟歌女舞女在一起，不管跟他说什么，都听不进去。他对戎王很失望。

这时候，秦穆公悄悄地派人到西戎，劝由余到秦国去，说在西戎没有前途，秦穆公爱惜人才，请他到秦国去当大夫。

由余对戎王失去了信心，下决心离开西戎，到秦国去了。

秦穆公用最高的礼仪迎接由余，非常尊敬地向他

秦国的故事

秦穆公报仇

请教西戎各国的情况。

公元前623年，秦国用由余的办法，攻打西戎。一下子把12个西戎国家变成了自己的国土，国土扩大了千里。

这真是了不起的事情，连周天子都派人带着金鼓来祝贺。

公元前621年，秦穆公死了。他在位39年，为秦国的发展壮大做出了很大的贡(gòng)献。

秦穆公下葬的时候，用很多活人殉葬。《史记》说："从死者百七十七人。"秦国人为此很痛心。

当时中原各国早就不用活人殉葬了。可是秦穆公竟然叫177人陪自己一起死。唉，秦国还是落后，还是野蛮。

直到公元前384年，秦献公当国君时，才下命令废除用活人殉葬的恶习。

在秦穆公死后的200多年时间里，秦国并没有重大的发展，一代又一代的国君都无所作为。

秦国东面本来有强大的晋国，后来晋国分裂(liè)成魏(wèi)、韩(hán)、赵(zhào)3个国家，这对秦国是好事。

公元前389年，秦惠(huì)公调集全国所有的士

殉葬　xùnzàng　把死者的妻妾、奴隶等与死者一起埋在地下。

兵50万，跟魏军在阴晋一战，结果吴（wú）起用5万魏兵大败秦军，秦国输得很惨，丢掉了东部大量土地，又被压回到了西部。

直到公元前361年，秦孝（xiào）公当了秦国国君，秦国才开始重新强大起来。

商鞅变法

秦国的故事

秦孝公当国君的时候刚刚21岁。当时东边有韩、赵、魏、齐、楚、燕6个强国。秦国在西部，偏僻落后，地位低下，谁都看不起秦国。每一次诸侯们会盟的时候，都没有秦国什么事，人家不请他们。中原各国又把秦国看作落后国家了。

这种情况让年轻的秦孝公很不高兴。他担心秦国有一天会被东面的六国吞并。想起自己的祖先秦穆公，那个时代真让他羡慕。

秦孝公下决心要使秦国强大起来。他自己虽然想不出办法，不过他知道这不重要，重要的是必须要有人才，有了人才就会有办法。

于是他对大家说："谁能够使秦国强大起来，我就让他当高官，给他很多钱，并且把土地分给他。"

这么高的待遇对有才能的人来说，有极大的吸引力。秦国渴求人才的消息，很快传到了中原各国。

果然，有人来了。

一个年轻人从魏国出发，日夜赶路，来到了秦国的国都雍（yōng）。

他叫公孙鞅（yāng），因为出生在卫国，是卫国国君的儿子，所以也叫卫鞅。

公孙鞅喜欢法家的治国学说。他虽然年轻，但是

吞并　tūnbìng　把别的国家消灭，变成自己国家的一部分。

商鞅变法

很有才学，很有本事，他对自己的治国能力很有信心。于是一个人跑到别的国家去寻求发展。

他先到魏国，在魏国丞相公叔痤（cuó）身边，做一个随从小官。开始的时候，公叔痤只让他做一些小事。年轻人嘛，有这样的机会就算不错了。

渐渐地，公叔痤发现这个年轻人很有能力，交给他做的事都做得很好，就开始重视他，跟他交谈的次数也越来越多。公叔痤发现，这个公孙鞅竟然是一个非常难得的人才。

公叔痤准备向魏王推荐这个年轻人。可是还没想好推荐他当什么官，公叔痤就病了，而且病得很厉害。

魏王亲自到公叔痤家里去看望。看到丞相病得快要死了，魏王很担心，问道："万一你有个三长两短，国家怎么办呢？"

公叔痤说："我的随从公孙鞅虽然年轻，但是有奇才，大王可以把国家大事托付给他。"

魏王听了没有说话。

公叔痤知道，魏王没有接受自己的意见。所以，在魏王快要走的时候，他叫别的人都出去，悄悄地对魏王说："大王如果不愿意用公孙鞅，那么就把他杀掉，不能让他到别的国家去。"

推荐　tuījiàn　向人或组织介绍有才能的人或好的事物。
托付　tuōfù　把重要的事交给别人，请别人办。

魏王点点头同意了。

公叔痤已经想到，如果这个年轻人被别的国家重用，这个国家就一定会强大起来，成为魏国的敌人。这对魏国非常不利。

魏王走了以后，公叔痤立即派人把公孙鞅找来，对他说："今天大王问我，以后谁能当魏国的丞相，我推荐了你。可是，我看大王没有接受我的意见。"

公叔痤接着说："我做事，先为国君想，然后才为朋友想。所以我又对大王说，如果不用公孙鞅，那么就杀了他。大王答应了。现在你应该马上逃走，离开魏国，要不然就会被杀死。"

没想到公孙鞅听了以后，一点儿都不害怕，他说："既然大王不听您的话，不肯重用我，那他怎么会听您的话杀了我呢？"

公孙鞅没有逃走。魏王果然没有杀他。

魏王从公叔痤家里出来，对人说："公叔痤真是病糊涂了，竟然叫我把国家大事交给他的随从，一个这么年轻的人，这不是开玩笑吗？"

公叔痤死了以后，公孙鞅听说秦国正在招人才，就离开了魏国，来到了秦国。通过秦孝公喜欢的景监（jiān），要求见秦孝公。

秦孝公接见了公孙鞅，听他讲治国的方法。可是秦孝公一点儿兴趣都没有，听得直打瞌（kē）睡。等他

商鞅变法

走了以后，秦孝公生气地对景监说："你给我介绍的是什么人？说话不着边际，这样的人怎么能用呢？"

景监出门找到公孙鞅说："你跟主公说什么了？害得我被主公骂了一顿。"

公孙鞅说："我讲的是古代五帝（dì）治国的方法。看来他不喜欢这个，那么我再跟他讲讲别的，希望你5天之后再引见我。"

秦孝公第二次接见了公孙鞅。这次听了半天，还是不太满意。

公孙鞅要求景监再为他安排一次接见。

过了几天，秦孝公又接见了公孙鞅。这次公孙鞅讲春秋五霸治理国家的方法。秦孝公比较喜欢听了，听得很认真，还提出了一些问题。秦孝公对景监说："你这位客人不错，我跟他还谈得来。"

公孙鞅对景监说："我明白主公想要的是什么了，请你再为我安排一次见面。"

第四次，公孙鞅直接拿出了富国强兵的办法。这次秦孝公果然兴趣大增，觉得俩人坐得太远，不知不觉一点儿一点儿往公孙鞅跟前凑。两个人一连谈了好几天，最后，秦孝公决定用公孙鞅的办法实行改革。

可是，很多大臣反对改革。要改革就会有阻力，

改革　gǎigé　把不好的办法改掉，用新的办法。
阻力　zǔlì　使事物不能前进的力量。

秦国的故事

商鞅变法

大家都习惯原来的那一套，认为不应该改变祖先的传统。

秦孝公坚决支持公孙鞅变法，他希望秦国快一点儿富强起来。

改革的新法主要有四个方面的内容：

第一，中央集权。

当时中原各国的做法是，国君把土地分给自己的亲戚和有功的大臣。这样一来，有土地的大臣们分散了国君的权力，渐渐地国君越来越弱，大臣们越来越强。就好像晋国，土地被强大的大臣瓜分，变成韩、魏、赵3个国家，最后晋国灭亡了。改革的新法是，把全国划分为41个县，由国君直接任命县令。县令从优秀人才中提拔。

这样改革大大地损害了贵族们的利益，使他们失去了土地和权力，但是使很多有才能的普通人看到了希望。

第二，鼓励发展农业。

秦国地多人少，很多土地没人种。而东边韩、魏、赵三国人多地少，很多人没地种。新法鼓励那3个国家的人，移民到秦国来种地，称为客民。他们可以三代不用当兵，安心种地。同时不用向国家交很多钱，多劳多得。地种得好、布织得好的农户，都给奖励。

中央集权　zhōngyāng jíquán　把权力放在国家、国君这一级。

让主民,也就是原来的秦国农民去当兵。

第三,有军功就能升级。

把军功分为十八级。士兵们上战场杀敌,每得到一个敌人的人头,就可以升一级。越往上升,得到的好处也越大。

这一下,把打仗杀敌跟士兵们自己的利益联系了起来,使秦兵们打仗变得非常勇敢,人人都想得到敌人的人头。这使秦军成为一支虎狼之师,从此中原各国的军队都打不过秦军了。

如果没有军功,即使是国君的亲戚也不能成为贵族。普通人有了军功,也能成为贵族。这受到了下层老百姓的拥护。

第四,用连坐的办法,控制老百姓。

把居民五家编为一"伍",十家编为一"什",让他们互相看着,如果一家犯法,其他各家都算犯法。知道谁是坏人而不告发,就要被杀。告发一个坏人跟杀掉一个敌人奖励相同。把坏人藏起来,跟投降敌人一样,是死罪。

这种可怕的新办法,使得老百姓不敢犯罪。

拥护　yōnghù　表示同意,并且支持。
控制　kòngzhì　使人听话,不敢乱说乱动。
投降　tóuxiáng　打仗的时候,打不过敌人,不打了,扔掉武器,举起双手,向敌人认输。
死罪　sǐzuì　要被杀死。

商鞅之死

新法公布了，可是很多人都不相信，这真的能实行吗？

为了让大家相信，公孙鞅在城里的南门，立起一根三丈高的木头，对大家说："谁要是把这根木头搬到北门，就给他十金。"

看热闹的人们你看我，我看你，都不相信。把这样一根木头搬到北门去，这是很容易的事，竟然能得到十金。这么多钱，很多人一辈子都得不到呀。

没有人出来搬木头。

于是公孙鞅把赏（shǎng）金提高到五十金。

所有的人都很吃惊，这么多钱，这会是真的吗？

"我来！"终于有人站出来了。不就是搬一根木头吗？即使你骗我，我也认了。他扛起木头往北门走，人们跟着他纷纷走向北门。要亲眼看一看，是不是真的给他五十金。

木头被搬到了北门，人们亲眼看见，公孙鞅给了他五十金。

这一下，人们都信了。国家说话是算数的，是真的要实行新法。

可是推行新法非常困难。因为新法大大地损害了贵族的利益。贵族们痛恨公孙鞅，由于他们反对，新法遇到了强大的阻力。

推行新法的第一年，有上千人跑到国都，去向秦

商鞅之死

秦国的故事

孝公说新法不好,后来连太子都犯了法。太子实际上是代表反对新法的势力的。

秦孝公很烦恼(nǎo),可是他仍然支持公孙鞅。

公孙鞅对秦孝公说:"新法之所以难以推行,就是因为贵族们反对。主公您如果想推行新法,就必须从太子开始。"

公孙鞅知道,不把这个势力压下去,改革就没法进行。所以,太子犯了法,也必须处罚(fá)。

可是太子将来是要当国君的,当然不能对他怎么样,那怎么办?

于是,公孙鞅处罚了太子的两个老师,在太子老师的脸上刺了字。在犯人的脸上刺字,是古代的一种刑罚。

这样一来,反对的人都害怕了,没人敢再说什么,新法终于能够推行了。

后来,太子的老师又犯了法,结果被公孙鞅割掉了鼻子。这样一来,公孙鞅跟太子结下了深仇大恨。

新法对老百姓的控制也是很可怕的,公孙鞅杀了很多犯法的人,也杀了不少没做错什么事的人。

但是,改革的效果很好,到第五年,秦国就大大地富强起来了,国力比过去强了很多。

刑罚　xíngfá　对犯罪的人的处理,比如打他们、让他们坐牢、杀头等。
效果　xiàoguǒ　用一种方法以后,产生的结果。

商鞅之死

到新法实行的第十年,秦国的百姓就变得非常喜欢新法了。无论城里还是乡村,到处都很太平。山里没有盗贼,东西掉在路上都没人捡。老百姓的日子过得比过去好多了。过去曾经说新法不好的那些人,现在反过来都说新法好了。

秦国终于强大起来了。秦孝公很高兴,命令公孙鞅带兵去攻打魏国的固(gù)阳。结果固阳的魏军投降了。

秦孝公在咸(xián)阳建造了高大的宫殿和城墙,把国都搬到了咸阳。

公元前340年,秦孝公又派公孙鞅去攻打魏国。

魏国派公子卬(áng)领兵迎战。两军摆开阵势,就要开战。公孙鞅派人给公子卬送去一封信。

信上说:"我在魏国的时候跟你是好朋友,今天我们两个却要为敌对的两国领兵打仗,我不忍心我们之间互相杀来杀去。我想请你来,跟你当面订立和平条约,然后撤军,让两国都得到和平。"

公子卬信以为真,就来到公孙鞅的营地跟他见面。可是公孙鞅立即就把公子卬抓了起来,同时向魏军发起进攻。魏军失去了主将,结果大败。

魏国打不过秦国,魏王只好把黄河以西的土地给

盗贼 dàozéi 偷东西,抢东西的人。

秦国，以求得和平。这时候魏王才明白，当初公叔痤的话没有错，现在这个公孙鞅成了魏国的劲敌。

他恨恨地说："我真后悔没听公叔痤的话，杀掉公孙鞅。"

在秦国，公孙鞅改革立了大功，打仗又立了大功。秦孝公把商这个地方封给了公孙鞅。从此以后，人们习惯于把公孙鞅叫做商鞅。

商鞅很高兴，他终于富贵了，实现了自己的人生目标。

可是，危险已经悄悄地向他靠近了。

公元前338年，秦孝公死了，当时他只有44岁，在位24年。支持商鞅变法的是秦孝公，保护商鞅的也是秦孝公，现在秦孝公死了。

秦孝公的儿子太子当了国君。

他是商鞅的敌人，你想，商鞅会有什么结果？

被割掉鼻子的太子的老师，已经8年没出门了。这一下，他跑到贵族们的家里去，跟谁都说商鞅要造反。

太子，现在是秦惠文君，下令捉拿商鞅。一队队士兵在大街小巷（xiàng）到处找商鞅，可是找来找去也没有找到。

商鞅已经逃走了。

一听说秦孝公死了，他就知道大事不好，马上就逃跑了。

逃到哪里去呢？他知道秦国没有他可以藏身的地

商鞅之死

方，必须逃离秦国。走了几天，他终于逃到了秦国的边境。天黑了，他走进了一家客店，想住一个晚上。

客店的主人不知道他就是商鞅，对他说："请您出示证件。"

商鞅没有证件，即使有，他也不能拿出来。

客店老板说："对不起，我不能留您住。"

"为什么？"商鞅不明白。

"商君的法律（lǜ）规（guī）定，如果留没有证件的客人住，店主人就有罪。所以，我不敢让您住在这里。"

商鞅没办法，只好离开客店，叹（tàn）着气说："没想到，变法害到我自己头上了。"

商鞅逃到了魏国，他以为他比较安全了。可是魏国人都恨他，恨他当年欺骗公子卬，用这么卑鄙的方法打败魏军。魏国人抓住了他，把他送回了秦国。

商鞅后来又逃到自己的封地商，组织人抵抗，结果他被秦军杀死。

他这样死了就完了吗？

秦惠文君觉得不解恨。他让士兵们用五匹马拉住商鞅尸体的头、手、脚，往不同的方向拉。商鞅的尸体被拉开，分成了五块，这就是五马分尸。

卑鄙 bēibǐ 很坏，不讲道德。
抵抗 dǐkàng 敌人来了，跟敌人打，不让敌人进来。
尸体 shītǐ 死人的身体。

秦惠文君还杀了商鞅全家。

商鞅死了，不过商鞅的改革并没有被推翻，他建立起来的制度，已经成为秦国的制度，没有改变。

实际上，秦惠文君并不想改变商鞅建立起来的制度，他也希望秦国继续强大下去。

秦惠文君接手的秦国，已经是一个富强的秦国，比中原六国都强大。

战国的时候，中原各国的国君都纷纷称王。公元前325年，秦惠文君也称王了，以后我们就称他为秦惠文王。

合纵连横

秦国的故事

东面的魏国，曾经很强大，让秦国害怕。可是魏文侯、魏武侯都死了，继任的魏惠王和以后的国君都是没有什么头脑的人，魏国的国力很快就下降了。商鞅曾经两次打败魏军，魏国把黄河以西的大片土地给了秦国，才求得和平。

秦国的强大，使中原六国感到害怕，这时候已经没有一国能够单独跟秦国对抗了。

在这种形势下，有一个人趁机到各国游说，劝说六国联合起来，共同对抗秦国，这就是合纵（zòng）。

这个人叫苏（sū）秦。

苏秦是鬼谷子的学生，他曾经和张仪一起，在鬼谷子那里学习纵横术。纵横术，实际上就是要说服国君，采用自己的办法，从而求得高官厚禄。

所以，苏秦其实并没有一定的主张，他的学问在于见什么人说什么话。今天在这个君主面前他是这样的主张，如果这个君主不听他的，明天他跑到另一个君主面前，会是另一种主张。他的目的，只是为自己得到高官厚禄。

苏秦最先来到秦国，见到秦惠文王，他就说秦国怎么怎么强大，劝说秦惠文王发动战争，把六国灭了，

纵横术 zònghéngshù 外交上，用各种办法进行联合或分化。"丨"是纵，"一"是横，"术"是办法。

高官厚禄 gāoguān-hòulù 当大官，得到很多钱。

统一天下。他认为,这简直是易如反掌。

秦惠文王刚刚杀了商鞅,对外来的游说之士不感兴趣。他冷淡地说:"鸟的羽(yǔ)毛还没有长好的时候,不可以高飞。现在还不到统一天下的时候。"

无论苏秦怎么说,秦惠文王都不听他的。当然也不会给他什么官做,苏秦在秦国碰了一鼻子灰。

带去的钱花完了,衣服也穿破了,在秦国待不下去,他只好离开咸阳回家。

他的家在洛阳,要走很远的路。他穿着破破烂烂的衣服,挑着自己的木简和行李,低着头,失望地走在尘土飞扬的大道上,看上去面色黄黄的,又干又瘦,像一个营养不良、又病又累的苦力。

好容易回到了家乡。他走进家门,家里人看到他这个样子,都看不起他,没有人理他。

苏秦回家以后,用整整一年的时间苦苦读书,总结失败的原因。

据说他读书读到深夜,不由自主地想睡觉。这时他竟然发狠(hěn),用锥(zhuī)子刺自己的腿,腿上的血流下来,一直流到脚跟。疼痛使他打起精神,继续读书。

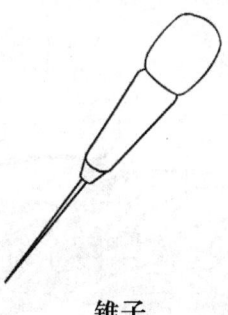

锥子

最后他看清了当时的形势,认

合纵连横

为六国都怕秦国，如果劝说六国联合起来对抗秦国，比较容易成功。

于是他又一次出发，这次他先来到赵国。赵国的丞相不喜欢他，他还是没成功。接着他来到了燕国。在燕国待了一年多，他才见到燕国国君。

燕国国君对他的主张很感兴趣，对他说："燕国西面有强大的赵国，南面有强大的齐国。如果你能劝说他们不来侵犯燕国，我就参加六国联盟。"

苏秦说："没问题，我正要一国一国地劝说他们认清形势，共同对抗秦国。"

燕国国君出了很多钱，帮助苏秦到各国去游说。这时候苏秦有了专用的马车，有了仆人，有了很多钱，已经跟过去不一样了。

苏秦又回到了赵国，赵国那个不喜欢他的丞相已经死了。

苏秦对赵国国君说："当国君最大的责任，是保证老百姓平安无事。如果连朋友和敌人都没有搞清楚，把邻国都当作敌人，那么老百姓就没有平安日子。

"赵国当前最大的敌人是秦国。现在之所以没有来攻打赵国，是因为有韩国和魏国挡住了秦国，要是他们投降了秦国，秦国就要来攻打赵国了。

联盟　liánméng　几个国家联合起来，共同对付敌人。

秦国的故事

"六国的土地是秦国的五倍,六国的兵力是秦国的十倍,只要六国团结起来结成联盟,一定能打败秦国。

"如果秦国侵犯其中任何一国,其他五国就去帮他,帮助他们就是帮助自己呀。"

赵国国君觉得苏秦的话很有道理,就给了他100辆车马,1000金,100双玉璧,1000匹绸缎(duàn),让他去说服其他国家。

苏秦就是这样,用一张嘴,把六国国君都说服了,大家都觉得需要团结起来对付秦国,同意六国结成联盟。于是,六国国君在洹(huán)水开会,订立盟约。六国共同推苏秦为纵约长,苏秦同时还当了六国的丞相。

苏秦派人把六国的盟约送到秦国。吓得秦惠文王倒吸一口凉气。结果,此后15年之内,秦国都不敢再出兵中原。

秦惠文王心里着急,问大臣们:"六国合成一体对抗秦国,我们怎么办呢?"

有人主张马上出兵去打他们。

这时候有一个人站出来说:"这时候出兵不行,越打,他们就会越团结。"

"那你说怎么办呢?"

合纵连横

"六国合而为一,其实并不容易。因为他们利益不同,心不齐。所以,我们破合纵并不难。不过,得花一点儿时间。"

"怎么破合纵?"

"我们先跟他们中的几个国家亲善起来。这样其他国家就会起疑心,他们之间互相不信任,合纵就长不了。这就是连横。"

对呀,大家都说好。出这个主意的人是谁?

这个人叫张仪,他是苏秦的同学,他现在在秦国当官。他来到秦国是苏秦的主意,是苏秦请他到秦国去的,本来是为了不让秦国破坏合纵。

可是苏秦想错了,张仪虽然是他的同学,但是他到了秦国,就要为秦国出主意了,这对苏秦非常不利。

秦惠文王听取了张仪的意见,把女儿嫁给燕国的太子,跟燕国拉上了亲戚关系。又说要把从魏国夺来的几座城还给魏国。

燕国和魏国很高兴,就跟秦国亲近起来了。

确实,六国合纵是非常难的,他们的利益不同,互相怀疑。以前他们从来就是你打我,我打你,战争不断。实际上,六国和平相处几乎是不可能的。合纵很难长久坚持下去。

以前,燕国国内曾经出现过动乱,齐国乘此机会,

秦国的故事

大举进攻燕国,差一点儿把燕国灭掉。燕国人对齐国恨得咬牙切齿,发誓要报仇。

后来,齐国又仗着自己强大,出兵进攻燕国,一下子拿下了燕国的十座城。在苏秦的游说之下,齐国才把十座城还给燕国。

齐国跟楚国之间原来也是战争不断的。

现在楚国跟齐国结了盟。秦惠文王觉得,这对自己很不利,就派张仪去楚国,让他说服楚国不要跟齐国来往。

张仪到楚国以后,对楚怀王说:"如果楚国跟齐国断交,秦国愿意把商、于的600里地拿出来给楚国。"

楚怀王很高兴,答应跟齐国断交。虽然有人反对,说秦国不可能白白给楚国600里地,劝楚怀王不要上当。可是楚怀王不听。

楚国果然跟齐国断了交,可是秦国并没有把商、于600里地给楚国。张仪说:"我说的是把我自己的6里地给楚国。"楚国人都气坏了。

后来,秦国跟齐国联合打楚国,把楚国打得大败。楚怀王恨死了张仪。

秦惠文王让张仪一国一国地去游说,破坏合纵。

发誓　fāshì　对天说,自己以后一定要怎么样怎么样。
断交　duàn jiāo　两国变成敌人,不再有来往。

合纵连横

结果,合纵被破坏了,苏秦也被齐国人杀死。

公元前316年,秦惠文王派大将司马错,出兵灭了南面的蜀(shǔ)国,建立蜀郡(jùn)。秦国的土地扩大了很多。

公元前311年,秦惠文王死了。他在位27年。

范雎相秦

秦惠文王死后，他的儿子当了国君，就是秦武王。

秦武王年轻、勇武，力气很大。他喜欢跟大力士们比赛举鼎（dǐng）。

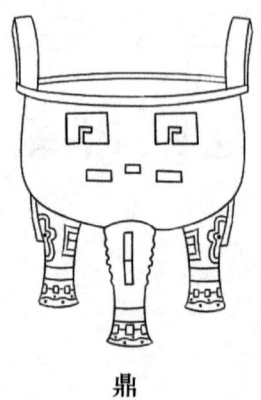

鼎

那鼎本来是用来煮肉的，有好几百斤重，因为没有抓手，举起来很不容易。有一次，秦武王跟大力士比赛举鼎，结果一失手，鼎掉下来砸断了他的腿，流血不止，不久他就死了。

他只当了4年秦王。死的时候还很年轻，没有儿子。所以必须在他的兄弟中找一个来当秦王。

按规定，应该在太后的儿子，也就是跟秦武王同母的兄弟中找一个。可是太后从来没有参过政，说话没人听。当时权力很大的大臣叫魏冉（rǎn)，他的姐姐是秦惠文王的妃子。魏冉决定立姐姐的儿子嬴稷（jì）为秦王。

妃子　fēizi　国王的小老婆。

范雎相秦

秦国的故事

嬴稷就是秦昭（zhāo）襄王，当时他远在燕国当人质。那时候各国之间结盟以后，很流行把王子送到对方国家当人质，以表示诚信。

赵国和燕国听说嬴稷被立为秦王，马上派人把嬴稷送回了秦国。

嬴稷当时还没有成年，国家大事就由他母亲和舅（jiù）舅魏冉来掌管。他母亲当了太后，她就是宣（xuān）太后。

嬴稷当秦王很多人不服。

第二年，秦武王的同母弟弟嬴壮和一些大臣，想杀嬴稷。可是被魏冉发现了。结果，他们全部被魏冉派人杀死。

3年后，秦昭襄王成年了，开始亲政。不过内有母亲宣太后，外有舅舅魏冉。秦昭襄王实际上仍然得听他们的。

后来秦昭襄王的另一个舅舅，以及他自己的两个同母弟弟也都握有重权。在秦国，实际上是以秦昭襄王为中心的王族掌权。

魏冉被封为穰（ráng）侯。他的封地在陶（táo），这地方靠近齐国。

魏冉的势力越来越大，使秦昭襄王很担心。

人质　rénzhì　为了让对方相信自己，放在对方那里的自己的亲人。

范雎相秦

公元前270年，魏冉要发兵去攻打齐国。

齐国离秦国很远，要越过韩国和魏国。为什么跑这么远去打齐国？因为魏冉的封地在那边，他想通过攻打齐国，扩大自己的封地。

秦昭襄王虽然觉得打齐国不行，可是他也说不出什么道理来。

这说明那时秦国对统一中原，还没有明确的策略。

这时秦昭襄王收到了一个人的信。信上说，他有重要的话不能写在信上，只能面见秦昭襄王时说。如果说的话没有用，他愿意受死。

这人叫张禄。一年以前就要求见秦昭襄王，秦昭襄王一直没有见他。这次秦昭襄王动心了，决定见他，想听听他说些什么，于是就派车去接张禄。

这个张禄是什么人？

其实他本来叫范（fàn）雎（jū），是魏国人。虽然他很有才能，可是因为家里穷，在各国游说都没有成功。他只好回到魏国，在中大夫须贾（jiǎ）家里做一个随从。

有一次魏王派须贾去齐国，想跟齐国恢复友好关系。范雎跟着须贾到了齐国。齐国前些日子被燕国联合魏国等四国夺去70多座城，差一点儿被灭国。（详见本丛书《齐国和燕国的故事》）

现在齐国刚刚恢复过来，齐王见到魏国的使者就

策略 cèlüè 根据当时的情况，决定今后应该怎么做的想法。

很生气，对须贾很不礼貌。他大声责问须贾。须贾不能回答，被骂得不知道说什么好。

站在身后的范雎看不过去，站出来替须贾说了几句话，他替主人须贾解了围，也保住了魏国尊严。

齐王反而很喜欢范雎，给他送去金十斤，以及酒、牛肉等礼物，希望他留在齐国，让他在齐国当官。这对当时不得志的范雎来说，是件好事。

范雎在魏国虽然地位很低，相当于一个仆人，可是这次他是随主人出使齐国的，他觉得他不能留在齐国，所以谢绝了齐王的礼物。

齐王对须贾很冷淡，可是对范雎却很热情。

回到魏国后，须贾越想越生气。他觉得这次出使齐国，受到冷遇的原因，全都是因为范雎。他把在齐国时，齐王送范雎礼物的情况，报告给了丞相魏齐。

魏齐大怒，叫人把范雎抓来，使劲儿打他。

范雎被打得身上都是伤，牙齿被打落，血流遍地，眼看快要被打死了。

范雎躺着不动，假装死去。魏齐手下人以为范雎已经死了，就去向正在喝酒的魏齐报告。魏齐这时喝酒喝得正高兴，就让人把范雎扔到厕所里。

范雎一动也不动地咬牙强挺着，他知道必须忍住，才有可能逃命。

等到天黑了，他看见只有一个小兵在旁看守，就

范雎相秦

悄悄地对他说:"你如果放了我,我以后一定重谢你。"

那小兵见他可怜,就去向魏齐报告,说范雎早已死去,扔了算了。

魏齐喝酒喝得大醉,顺口说:"扔了吧。"

那小兵把范雎扔到荒郊野外。范雎慢慢地爬回了家中,叫人通知好友郑安平。郑安平把他藏了起来。等伤好了以后,范雎化名为张禄。

半年后,秦国使者王稽(jī)来到魏国。

在秦国,以前一直有一个做法,如果推荐有才能的人,就可以得到奖赏。因此秦国人到其他国家去,都会随时留意,身边有没有人才。

郑安平想办法让张禄见到了王稽。王稽发现张禄是个很了不起的人才,就决定带他去秦国。

王稽的车队回到秦国时,突然看到前面路上尘土飞扬,一队车骑飞跑过来。张禄问道:"前面是什么人?"

王稽说:"好像是丞相魏冉的车队。"

张禄知道现在魏冉专权。这个魏冉很害怕外来的人才夺去他的权力,所以很不喜欢外来的人。如果自己让魏冉见到,一定不会有好结果。

于是他在车里藏了起来。

不一会儿,魏冉的车马到了。王稽连忙下车迎拜,

奖赏 jiǎngshǎng 因为做得好,所以给他钱,或者提高他的地位。

魏冉来到王稽车前，问道："关东情况怎么样？诸侯有什么变化？"

王稽回答："没有什么变化。"

魏冉往车里看了一眼，又看了一下随行人员，接着问道："你车中是不是带了其他诸侯国的人？我跟你说，这些人实在是没有什么用，只会扰乱秦国。"

王稽连连说："没有，没有。"

魏冉没有发现什么可疑之处，就带着众人东去了。

王稽连忙赶马快走。他正在暗暗佩服张禄，却见张禄从车里出来，说道："据我所知，穰侯这个人性情多疑，而办事迟慢，刚才他已经怀疑车里藏了人，可是没有搜（sōu）查。他过去以后一定后悔，一定会派人再回来搜查，我还是再避一下好。"

于是，张禄下车，从小路步行走了。

王稽的车马才走了10多里，就听背后传来马跑的声响，果然，魏冉派了20多骑从东飞跑而来，说丞相叫他们来搜查。

他们查遍车中，并没有见到其他诸侯国的人，才转身离去。

王稽暗自叹道："张先生真是人才呀，我不如他！"于是催车前行，遇到张禄，请他上车，一同向咸阳进发。

佩服　pèifú　觉得别人了不起，自己不如别人。

范雎相秦

从此,张禄来到了秦国。王稽向秦昭襄王推荐张禄,可是,在之后的一年多时间里,秦昭襄王并没有见他。

这次秦昭襄王为什么会见他呢?

因为随着年龄的增长,秦昭襄王渐渐地想把权力收回到自己手中来,他需要人才来帮他。

张禄见到秦昭襄王后,说:"我听说,穰侯要越过韩国和魏国去攻打齐国,这决不是个好主意呀。大王,您不如跟远处的国家交好,攻打近处的国家。这样,攻下的每一块土地都会变成秦国的,秦国土地就会越来越大。现在先去攻打远处的齐国,即使打下来了,您也很难管理,是不是?"

"远交近攻"是范雎为秦国消灭六国定下的总策略。

这些话一下子说到了秦昭襄王的心里。

最后,秦昭襄王没有让魏冉出兵齐国。

他让张禄当了官,对张禄非常信任,经常跟他讨论国家大事。

几年过去了,张禄又劝秦昭襄王把权力集中在自己的手里。他说:"我在魏国的时候,没有听说过秦王。只听说过秦国的宣太后和穰侯等人。您的舅舅和弟弟们都有封地,现在他们的势力很大,每个人家里的钱都超过了国家的钱。"

秦昭襄王知道事实确实是这样。如果不把权力和

秦国的故事

财力集中起来,秦国怎么能统一天下呢?

于是,秦昭襄王不再叫魏冉当丞相,让他回到自己的封地去养老。他把弟弟们也赶到关东,并且不再让母亲来管国家大事。他把大权全部集中在自己一个人手里。

秦昭襄王让张禄当了丞相,封为应侯。他听从张禄的主意,准备进攻魏国。

魏国这时候国力已经很弱了,跟秦国军事对抗,那简直是鸡蛋碰石头,根本不是秦国的对手。所以,魏王派中大夫须贾去秦国,看看能不能讲和。

须贾听说秦国的丞相张禄是魏国人,就想走张禄的关系,向秦王说情。

范雎听说须贾来了,就假装成一个仆人,穿了一件很破的衣服去见须贾。

须贾看到范雎,吃了一惊。他没想到范雎竟然没有死。看到范雎现在这么惨的样子,他开始同情范雎。请范雎吃饭,并且把自己的新衣服给范雎穿。

范雎说自己的主人是张丞相的好朋友,就把须贾领到了自己的家里。他让须贾在院子里等着。

当须贾被人带进屋里去的时候,才发现,原来张禄就是差一点儿被自己害死的范雎。他心中非常后悔,也非常害怕。他以为自己死定了。

财力 cáilì 钱,经济力量。

范雎相秦

不过，范雎并没有杀他，范雎说："我跟你无怨无仇，你为什么要害我？害得我差一点儿被魏齐这恶人打死。按理，我应该用同样的方法来对待你。不过这次你来秦国，送了我一件衣服，还有一点儿人味儿。就这一点，我不杀你。"

须贾总算捡了一条命。

秦昭襄王听说了范雎的经历，很同情他，说："攻打魏国的事你看着办吧，我不会反对。"

范雎对须贾说："你回去跟魏王说，叫他快把魏齐的脑袋送来，秦国就答应魏国割地求和。要不然我就亲自领着秦国大军去打大梁（liáng）。"大梁是魏国的国都。

须贾回去了，向魏王报告事情的经过。魏王很生气，骂魏齐和须贾两个人把魏国的人才逼到了秦国，现在要来向魏国报仇。

魏齐很害怕，他没想到当初这么一个小人物，现在却成了秦国的丞相。他很后悔，他后悔的不是当初不应该这样对待范雎，而是当初为什么不把他打死，反而让他跑了。

魏齐确实是一个恶人。他不想死，他逃到了赵国。

不过，无论他逃到哪里，都避不开秦国的强大势力。最后他只好自杀了。如果他善良一些，就不会有这样的下场。

名将白起

秦国的故事

秦昭襄王十四年，也就是公元前293年，魏冉推荐了一个军事天才，这个人叫白起。

这个白起，在秦军中是从小兵当起的。他不仅作战勇敢，而且善于用兵，能力比别人强得多。他从士兵一级一级升上来，终于被魏冉发现。

秦国要消灭六国，急需优秀的军事人才，魏冉急忙向秦王推荐。

秦昭襄王派白起去攻打韩国和魏国。白起在伊（yī）阙（què）一战大胜，杀敌24万人，把韩、魏军的统帅公孙喜都抓住了，并且拿下了5座城。

秦昭襄王很高兴，马上给白起升官。之后又派白起去攻打魏国。白起拿下了大小61座城。白起又升了官。

白起打仗，在战前一定先把敌我双方的情况弄清楚，预先料到敌人可能会怎么样，然后自己出奇兵。白起当将军30多年，没有打过一次败仗。

他打仗以消灭敌人有生力量为主要目的，往往把敌人斩尽杀绝，所以六国的军队听到白起的名字，没有不害怕的。

公元前279年，白起奉命向楚国发起进攻，包围了鄢（yān）城。楚国调集了全国军队跟秦军决一死战，白起几次强攻都打不下来。

统帅 tǒngshuài 军队的最高领导。
斩尽杀绝 zhǎnjìn-shājué 全部杀死。

名将白起

后来白起看了周围的地形，下令把西山长谷流向东南的河水堵住，等河水涨得很高了，突然挖开河堤（dī），河水冲进了鄢城，城中的老百姓和士兵都被大水冲走，死于城东的老百姓有几十万人。楚军被淹死无数。

接着，白起乘胜横扫（sǎo）了大半个楚国，攻下楚国国都郢（yǐng），一把大火烧掉了历代楚王的坟墓。

秦国在郢设立了南郡。

楚军被打得溃不成军，退到了陈（chén），把陈作为都城。楚王搬到陈以后，楚国的兵力只有10多万人。楚国从此已不能同秦国对抗。

白起因此被秦昭襄王封为武安君。

公元前260年，白起攻打赵国，指挥长平之战。赵国主将赵括（kuò）战死，40万赵军投降。白起用欺骗的办法，把40万投降的赵军全部杀死。连战场杀死的5万人，一共杀了45万人。（详见本丛书《纸上谈兵》）

有人估计，战国的时候总共有200多万士兵死亡，其中100多万是被白起杀死的，白起杀的人竟然占到其中的一半。要知道，那个时候七国的人口加起来总共也不过三四千万人。

对秦国人来说，白起是一个战神。但是对其他六国老百姓来说，白起就是一个杀人恶魔。一说到白起，

淹死　yānsǐ　在水里死。
溃不成军　kuìbùchéngjūn　军队被打得散了，没有办法再集中起来打仗。
恶魔　èmó　很坏很凶恶的人。

秦国的故事

名将白起

都痛恨他杀人不眨(zhǎ)眼。

长平之战胜利后,白起要求一鼓作气,攻下赵国国都邯(hán)郸(dān),消灭赵国。可是秦昭襄王听了丞相范雎的意见,命令秦军回国休整。

白起没办法,回到了咸阳。消灭赵国的机会失去了。

过了一年,秦昭襄王要白起去攻打邯郸,但是白起病了。秦昭襄王只好改派王陵(líng)去。可是王陵打邯郸打了很久都打不下来。

白起的病好了,秦昭襄王要白起去接替王陵。

可是白起不肯去,他说:"现在攻打邯郸的时机已经错失了。邯郸有了准备,别国的军队也可能随时会去支援赵国。秦军前后受敌,一定会被打败,应该赶快撤军。"

秦昭襄王不听,一定要白起去。他觉得只要换了白起,秦国就一定会赢。

可是白起就是不去。白起知道自己不是神,他去了也没有用。明明知道要打败仗,为什么还要去?

秦昭襄王以为白起是故意跟自己对抗,心中大怒。他给白起一把剑(jiàn),叫他自杀。

白起死了,他自己也知道,他这一生杀人太多,该死。

邯郸之战,果然如白起所料,秦国大败。

秦国虽然败了,但是实力并没有受到大的损失。赵国虽然胜了,可是已经很弱小,灭亡是迟早的事。

秦昭襄王在位56年,一生努力扩大领土。他死的时候,秦国的领土已经比以前扩大了很多。楚国、魏国、韩国、赵国的很多地方都成了秦国的土地。六国在他的不断打击下,已经一天不如一天了。秦国只要再加一把劲,六国就会灭亡。

秦昭襄王以后的两个国君总共只在位4年。(详见本丛书《奇货可居》)

接下来是嬴政当了秦王。他就是被称为千古一帝的秦始皇(huáng),他统一了中国。(详见本丛书《秦始皇的故事》)。

生词表

B		
卑鄙	bēibǐ	65
不甘心	bù gānxīn	28

C		
财力	cáilì	86
策略	cèlüè	81
撤军	chè jūn	34
丞相	chéngxiàng	29

D		
打招呼	dǎ zhāohu	38
大夫	dàfū	15
倒霉	dǎoméi	23
盗贼	dàozéi	63
抵抗	dǐkàng	65
堵塞	dǔsè	4
断交	duàn jiāo	74

E		
恶魔	èmó	91

F		
发誓	fāshì	74
妃子	fēizi	78
废掉	fèidiào	5
废话	fèihuà	37
疯	fēng	27

G		
改革	gǎigé	55
高官厚禄	gāoguān-hòulù	68
宫殿	gōngdiàn	45

H		
怀疑	huáiyí	28

J		
嫁妆	jiàzhuang	17
奖赏	jiǎngshǎng	83

K		
控制	kòngzhì	58
溃不成军	kuìbùchéngjūn	91

L

礼仪	lǐyí	14
联盟	liánméng	71

M

没戏	méi xì	18
密探	mìtàn	4
目标	mùbiāo	5

N

奴隶	núlì	22

P

佩服	pèifú	84
偏僻	piānpì	2

R

人质	rénzhì	80

S

丧服	sāngfú	41
甚	shèn	10
尸骨	shīgǔ	44
尸体	shītǐ	65
死罪	sǐzuì	58

T

统帅	tǒngshuài	90
偷袭	tōuxí	35
投降	tóuxiáng	58
推荐	tuījiàn	53
吞并	tūnbìng	52
托付	tuōfù	53

W

慰劳	wèiláo	38

X

戏弄	xìnòng	8
羡慕	xiànmù	14
效果	xiàoguǒ	62
刑罚	xíngfá	62
殉葬	xùnzàng	49

Y

淹死	yānsǐ	91
野蛮	yěmán	18
遗憾	yíhàn	5
拥护	yōnghù	58

犹豫	yóuyù	23

Z

咱们	zánmen	14
糟糕	zāogāo	3
斩尽杀绝	zhǎnjìn-shājué	90
招人才	zhāo réncái	25

制度	zhìdù	32
中央集权	zhōngyāng jíquán	57
诸侯	zhūhóu	2
纵横术	zònghéngshù	68
诅咒	zǔzhòu	37
阻力	zǔlì	55

附录：第三级1200字表

A

阿 啊 挨 矮 爱 安 岸 按 暗 傲

B

八 吧 拔 把 爸 白 百 摆 败 拜 班 般 搬
板 办 半 帮 傍 包 饱 宝 保 报 抱 杯 北
备 背 倍 被 本 笨 逼 鼻 比 笔 必 闭 避
边 编 变 便 遍 部 表 别 冰 兵 饼 并 病 脖
补 不 布 步

C

擦 猜 才 材 采 彩 踩 菜 参 餐 藏 草 厕
层 差 插 茶 查 拆 柴 产 长 尝 常 场 唱
抄 超 朝 吵 车 尘 沉 晨 称 趁 成 诚 承
城 乘 程 吃 池 迟 持 尺 齿 冲 虫 愁 丑
臭 出 初 除 处 楚 穿 传 船 窗 床 吹 春
词 此 次 刺 聪 从 粗 催 村 错

D

打 达 答 大 呆 待 代 带 袋 戴 单 担 胆

得 道 到 倒 岛 导 刀 挡 当 蛋 弹 淡 但
店 点 第 递 弟 敌 低 等 灯 底 的 地 德
冻 动 懂 冬 东 丢 定 订 顶 跌 掉 调 钓
段 短 端 渡 度 堵 肚 独 读 抖 斗 都 洞
            躲 朵 夺 多 顿 蹲 对 队 堆 断

E
鹅 恶

F
服 飞 放 访 房 防 方 饭 犯 反 烦 翻 法 发
  扶 夫 封 风 愤 奋 份 粉 纷 分 费 非
    富 副 复 附 妇 付 父 府 福
        妇 负

G
告 搞 高 刚 感 敢 赶 干 概 盖 改 该
公 弓 工 跟 根 给 各 个 隔 歌 割 哥
骨 古 姑 购 观 狗 沟 共 宫 供 攻 功
广 光 惯 官 果 关 怪 挂 刮 顾 故 鼓
  号 更 过 国 滚 跪 贵 鬼 规

H
何 合 喝 好 号 汗 汉 喊 寒 害 海 孩 还
呼 乎 候 后 红 恨 很 黑 贺 吓 盒 河 和

话 昏
画 会
划 悔
化 回
花 恢
护 挥 获
户 灰 货
互 黄 或
虎 慌 伙
糊 荒
湖 换 活
胡 欢 混
忽 坏 婚

J

几 继 间 江 接 紧 竟 句
集 既 坚 箭 较 仅 净 举
急 济 尖 渐 叫 金 景 居
极 季 嫁 建 角 斤 晴 救
即 迹 稼 健 脚 今 精 就
际 架 件 教 借 惊 旧 军
级 驾 见 经 酒 绝
及 系 价 简 交 介 京 久 觉
激 技 假 剪 解 禁 九 决
积 纪 记 家 减 降 姐 劲 镜 卷
鸡 计 加 检 奖 结 近 境 据
圾 挤 绩 捡 讲 节 进 静 具
击 己 寄 肩 将 街 尽 敬 拒

K

卡 可 快
开 渴 筷
砍 克 宽
看 刻 况
康 客 捆
扛 课 困
抗 肯 扩
考 空
烤 恐
靠 口
科 哭
棵 苦
颗 块

L

垃 老
拉 乐
啦 了
落 累
来 泪
拦 类
蓝 冷
篮 离
懒 礼
烂
郎 里
狼 理
劳 历

厉 立 丽 利 励 例 俩 连 怜 联 脸 练 良
凉 量 粮 两 谅 辆 聊 料 邻 林 临 零
龄 令 领 另 留 流 六 楼 路 旅 绿 乱 论
轮

M
妈 吗 麻 马 骂 么 埋 买 卖 满 慢 忙 毛
冒 帽 貌 没 每 美 妹 门 们 梦 迷 米 秘
密 面 灭 民 名 明 命 摸 母 木 目

N
拿 哪 那 奶 男 南 难 脑 闹 内 能 泥
你 年 念 娘 鸟 您 牛 农 弄 怒 女 暖

P
爬 怕 拍 排 派 兵 旁 胖 跑 陪 盆 朋 碰
批 皮 疲 牌 匹 片 偏 篇 骗 漂 飘 票 拼
品 乓 平 瓶 坡 婆 破 扑 普

Q
七 妻 戚 期 欺 齐 其 奇 骑 旗 起 气 弃
汽 器 千 牵 前 钱 浅 欠 枪 强 墙 抢 悄
敲 桥 切 且 侵 亲 青 轻 清 情 晴 请 庆
穷 秋 求 球 区 取 去 全 劝 缺 却 确 群

R

然 嚷 让 扰 绕 热 人 忍 认 任 扔 仍 日
容 肉 如 入 软 弱

S

撒 赛 三 伞 散 扫 嫂 色 杀 沙 傻 晒 山
闪 善 伤 商 烧 稍 少 绍 蛇 舍 设 社
射 伸 身 深 上 升 声 生 绳 省 剩 失
师 湿 十 什 神 时 识 绍 拾 胜 使 始
士 示 世 市 石 势 事 实 食 史 室 收
手 守 首 受 式 书 舒 试 是 适 术 束
树 摔 双 谁 瘦 说 顺 输 熟 数 死 四
送 诉 速 酸 水 虽 岁 私 思 撕 锁
    算   随   碎 损 所

T

他 它 她 台 抬 太 态 谈 汤 堂 糖 躺 趟
逃 讨 套 特 疼 梯 踢 提 题 体 替 天 田
甜 挑 条 跳 贴 铁 厅 听 庭 停 挺 通 同
铜 童 统 桶 痛 偷 头 透 突 图 途 涂 土
团 推 腿 退 拖 脱

W

挖 外 弯 完 玩 晚 碗 万 王 往 忘 望 危

问雾	闻误	文物	温务	喂舞	胃武	味伍	位午	未五	卫无
先响	夏箱	下香	细相	喜乡	洗献	习线	惜现	悉县	息险
心胸	谢兄	血姓	写性	鞋幸	些醒	笑形	校行	小星	消兴
		雪	学	选	续	许	需	须	袖

伟屋	围握	为我
希显	吸闲	**X**
像信	向新	西鲜
秀	修	想辛 休

羊叶	扬业	验野	宴也	演爷	眼要	颜药	言咬	严摇	烟腰
异赢	义营	椅迎	以英	已应	疑移	移银	宜姻	医音	衣阴
右援	又圆	有原	友员	游园	引油	由遇	优预	用玉	勇语
			运	元晕 云		越	月	约	愿

牙样	呀养
一因	夜意
永雨	硬鱼
院	怨

Y

压阳	责照	造找	澡着	早丈	糟掌	脏站	赞战	暂占
页易	只	支	之	证	正	整	睁	征
影于 远								

Z

杂怎 者	砸曾 这	灾增 真	再摘 阵

在展争

众	种	终	中	治	志	指	纸	止	职	直	织	知
撞	装	转	专	抓	祝	注	住	助	主	猪	周	重
组	族	足	租	走	总	字	子	自	桌	捉	准	追
		做	座	坐	左	昨	作	尊	醉	最	嘴	祖